Ursel Scheffler · Jutta Timm

Der Weihnachtsschatz

AF202541

Ursel Scheffler

Der Weihnachtsschatz

Mit Bildern von Jutta Timm

Hase und Igel®

Für Lehrkräfte gibt es zu diesem Buch
ausführliches Begleitmaterial beim Hase und Igel Verlag.

Originalausgabe
© 2010 Hase und Igel Verlag GmbH, Frei-Otto-Straße 18,
80797 München, service@hase-und-igel.de
www.hase-und-igel.de
Lektorat: Birgit Fürst
Druck: Grafisches Centrum Cuno GmbH & Co. KG, Gewerbering West 27,
39240 Calbe (Saale), info@cunodruck.de

ISBN 978-3-86760-135-1
11. Auflage 2025

Inhalt

Nessis toller Fund

„Wer geht mit dem Hund raus?",
fragt Mama.
„Ich war gestern", brummt Max.
„Keine Lust bei dem Mistwetter!",
murmelt Timmy.
„Immer ich!", meckert Klara
mit einem vorwurfsvollen Blick
auf ihre beiden Brüder.
„Dann geht eben alle drei",
sagt Mama.
„Zieht Gummistiefel an!
Die Wege sind matschig.
Ihr dürft euch beim Bäcker
im Einkaufszentrum
Nusshörnchen kaufen."

7

„Nusshörnchen? Au ja!",
ruft Timmy
und schlüpft als Erster
in seinen Anorak.
Nessi steht an der Tür
und wedelt erwartungsvoll
mit dem Schwanz.
Als Klara die Leine nimmt,
springt der kleine Hund an ihr hoch
wie ein Gummiball.

„Setzt eure Mützen auf!",
ruft Mama noch.
Dann verschwinden die drei
im Schneeregen.
Die Nusshörnchen locken!
Da ist das schlechte Wetter
gleich vergessen.
Nessi zerrt an der Leine.
Das Jagdfieber hat sie gepackt.
Sie riecht die Spur einer Katze.
„Hiergeblieben!", ruft Klara.
Widerstrebend folgt Nessi.

Als die drei Kinder
an der Bushaltestelle vorbeikommen,
schnüffelt Nessi neugierig
am Papierkorb
neben dem Wartehäuschen.
„Vielleicht ist ein Wurstbrot drin?",
überlegt Max.
„Oder eine Katze
oder Stinkesocken", kichert Timmy.
Nessi schlüpft unter der Bank durch
und verschwindet im Gebüsch.
Plötzlich bellt sie laut.
„Ich glaub, Nessi hat was entdeckt!",
ruft Klara.
„Bestimmt eine tote Maus",
vermutet Max.

„Iiih! – Lasst uns weitergehen",
drängelt Timmy.
Tote Mäuse sind nicht so sein Fall.
Jetzt raschelt es im Gebüsch.
„Ich seh mal nach", sagt Max.
Er geht um die Bank herum.
Dann lacht er und ruft:
„Nessi hat sich verkleidet!
Als Weihnachtsgeschenk!"

An Nessis Schnauze
hängt eine Weihnachtstüte.
„Schenken macht Freude",
steht unter dem Weihnachtsmann,
der darauf abgebildet ist.
„Schenken macht Freude
und Nessi macht Beute",
sagt Klara.
Sie deutet auf Nessi,
die einen dunklen Gegenstand
im Maul davonträgt.
„Eine Maus!", ruft Max.
„Bestimmt war sie in der Tüte!"
„Igitt! Bloß keine Maus!",
quietscht Timmy.
Er hasst es,
wenn Nessi Mäuse anschleppt.

Sie tun ihm so leid!
„Das ist keine Maus",
beruhigt Klara ihren Bruder.
„Das ist ein kleiner Beutel."

Klara zieht Nessi zu sich heran.

„Aus!", ruft sie energisch.

Aber Nessi gibt ihre Beute nicht her.

Klara fischt einen Hundekuchen

aus der Anoraktasche.

Jetzt tauscht Nessi gern.

„Es ist ein Geldbeutel!", sagt Klara.

„Aber total vollgesabbert."

Sie wischt ihre feuchte Hand

mit einem Taschentuch ab.

„Was ist da drin?", fragt Timmy.

„Mäuse vermutlich!", scherzt Max.

„Mäuse kann man auch
für ‚Geld' sagen",
erklärt Klara ihrem kleinen Bruder,
damit er den Witz von Max
auch versteht.

Klara öffnet den Lederbeutel
und ruft überrascht:
„Mann, da ist tatsächlich
echtes Geld drin!"
Aufgeregt untersuchen die drei
Nessis Fund.
„Ist das viel Geld?", fragt Timmy.
Er kann erst bis zwanzig zählen.

„Eine ganze Menge", murmelt Klara.
„Dann ist es ein Schatz!
Wir haben einen Schatz gefunden,
wie die Kinder in der Geschichte,
die du mir gestern vorgelesen hast!",
jubelt Timmy.
Er liebt Schatzsuchergeschichten.

Max zählt das Geld.
Das ist für ihn kein Problem.
Er ist schon in der dritten Klasse.
Mathe ist sein Lieblingsfach.
„Zwei Fünfziger, drei Zwanziger,
ein Zehner, ein Fünfer
und fünf Euro Münzgeld ...
Boah – das sind 180 Euro!",
staunt Max.

„Kann man davon
viele Nusshörnchen kaufen?",
erkundigt sich Timmy.

„Einen großen Wäschekorb voll",
versichert Max lachend.

„Oder Weihnachtsgeschenke ...",
überlegt Klara.

„... und neue Fußballschuhe",
ergänzt Max.

„Oder eine Ritterburg!",
ruft Timmy begeistert.

Wem gehört der Schatz?

Plötzlich kommen Klara Bedenken.
„Das Geld gehört nicht uns.
Das hat jemand verloren",
sagt sie.
„Oder absichtlich dort versteckt.
Als Weihnachtsüberraschung!",
ruft Timmy aufgeregt.
„Vielleicht der Weihnachtsmann?
Damit wir für Papa und Mama
Geschenke kaufen können!"
„Der Weihnachtsmann?
Das ist eine schöne Idee."
Klara legt den Arm
um ihren kleinen Bruder
und schüttelt den Kopf.

„Glaub ich aber nicht."
„Sein Bild ist doch auf der Tüte",
murmelt Timmy beharrlich.
„Wir müssen das Geld zurückgeben",
sagt Klara.
„Weißt du denn,
wo der Weihnachtsmann wohnt?",
kräht Timmy.
„Nee", gibt Klara zu, „nicht wirklich."
„Na, siehst du!", sagt Timmy zufrieden.

Die drei beraten noch eine Weile,
was sie mit ihrem Fund
anstellen sollen.
Timmy lässt sich nicht
von der Idee abbringen,
dass der Weihnachtsschatz
vom Himmel gefallen ist.

Genauso wunderbar und unerklärlich
wie die Süßigkeiten,
die am Nikolaustag
in seinen Stiefeln waren.
Max und Klara zwinkern sich zu.
Timmys Erklärung gefällt ihnen
schließlich auch:
ein Schatz,
der vom Himmel gefallen ist!

Jetzt kommt der Bus.
Viele Leute steigen aus.
Die meisten schleppen
volle Einkaufstaschen.
„Hat jemand diese Tüte verloren?",
fragt Klara laut.
Sie hofft insgeheim,
dass sie niemandem gehört.

„Heute Morgen? Oder gestern?"
Die Leute schütteln den Kopf
und laufen weiter.
Alle wollen schnell nach Hause.
An einer leeren Plastiktüte
sind sie nicht interessiert.
Die gibt es zur Weihnachtszeit
schließlich überall.

25

„Vielleicht ist derjenige,
der das Geld verloren hat,
mit dem Bus
ganz weit weggefahren",
vermutet Max.
„Bis nach Amerika!",
ruft Timmy.
Max nickt. „Mindestens!"

Nessi bellt.
Sie hat eine Katze gesehen.
Jetzt gibt es kein Halten mehr.
Die drei müssen weiter.
Die Katze rettet sich auf einen Baum.
„Da kommst du nicht rauf.
Da musst du erst fliegen lernen!",
sagt Max zu Nessi.

Einer von Klaras Hundekuchen
lenkt Nessi schließlich
von der Katze ab.

„Gehen wir ins Einkaufszentrum",
schlägt Max vor.
„Au ja! Eine Ritterburg kaufen!",
ruft Timmy begeistert.
„*Einen Ritter* vielleicht",
bremst ihn seine große Schwester.

Weihnachtswünsche

Im Spielwarenladen ist
in der Vorweihnachtszeit
immer viel los.
Hunde dürfen nicht in den Laden.
„Du wartest hier!",
sagt Klara zu Nessi.
Sie bindet die Leine am Haken
neben der Eingangstür fest.
Der Ladenbesitzer
hat für durstige Hunde
einen Wassernapf hingestellt.
Nessi schlabbert ihn gierig leer.
Eine Katzenjagd
macht junge Hunde
eben durstig!

Der unverhoffte Weihnachtsschatz
hat in Max, Klara und Timmy
die Kauflust geweckt.
„Wir geben nicht alles auf einmal aus",
erklärt Klara.
„Jeder kriegt erst mal etwas
für ungefähr zehn Euro."
Mit leuchtenden Augen
durchstreifen die drei
das Spielzeugparadies.
Timmy bekommt
seinen Ritter.

Klara kauft einen Kugelschreiber,
der im Dunkeln rosa leuchtet.
Den hat ihre Freundin auch.
Und Max kauft eine CD
von seiner Lieblings-Pop-Gruppe.
Dann muss Timmy mal.
Dringend!

„Gehen wir zu McDonald's",
sagt Klara zu Max.
„Da kannst du mit Timmy
aufs Jungenklo gehen."
„Gute Idee!", meint Max.
„Und danach kaufen wir uns jeder
einen Hamburger
und eine große Portion Pommes
mit viel Ketchup.
Das kauft uns Mama nie!"
„Die möchte immer,
dass wir nur gesunde Sachen essen",
sagt Timmy.

Kurz darauf thronen die drei
an einem Tisch
vor ihren Plastiktabletts und mampfen.

„Das schaff ich nicht",
stöhnt Klara schließlich.
„Ich helf dir gern", sagt Max.
Er kann von Pommes
nie genug kriegen!
Deshalb kneift auch die Hose,
die er erst im August
zum Geburtstag bekommen hat.

Timmy fasst ins Ketchup.
„Grrr! Ich bin ein rotes Monster!",
kichert er und bemalt sein Gesicht.
Klara wischt Timmy
mit einer Papierserviette ab.

„Der Weihnachtsmann!",
ruft Timmy plötzlich.
Er deutet mit ausgestrecktem Finger
zum Eingang.
Tatsächlich:
Da kommt ein Weihnachtsmann
zur Tür herein!
Er hat einen Troll als Gehilfen dabei.
Der verteilt an alle Kinder
kleine durchsichtige Tütchen
mit Keksen und Schokokugeln.
Er kommt auch an den Tisch
von Klara, Max und Timmy.
„Danke für den Weihnachtsschatz",
sagt Timmy zum Weihnachtsmann.
„Welchen Weihnachtsschatz?",
fragt der Weihnachtsmann.

„Na, der in der Tüte war!"
Timmy hält die leere Tüte
mit dem Weihnachtsmannbild hoch.
Der Weihnachtsmann ist ein Profi
und schaltet schnell.
„Ach, den meinst du", sagt er.
„Gern geschehen. Viel Spaß damit!"
Dann zieht er weiter
zum nächsten Tisch.

„Seht ihr, der Schatz
ist vom Weihnachtsmann",
sagt Timmy triumphierend.
Max und Klara sehen sich an.
Um nichts in der Welt wollen sie
ihrem kleinen Bruder den Glauben
an den Weihnachtsmann verderben.

Dann beschließen die drei,
Weihnachtsgeschenke zu kaufen:
eine Krawatte für Papa,
einen Schal für Mama
und Handschuhe für Oma.
Das Geschäft an der Ecke
hat einen Sonderverkauf.
Da bekommen sie alles günstig.

„Das macht 39,50 Euro",
sagt die Verkäuferin.
Max schnauft tief.
Der Geldvorrat schmilzt
wie Schnee in der Sonne.

„Alles als Geschenk verpacken?",
fragt die Verkäuferin.
„Das wäre super", sagt Klara.
Neugierig sehen die drei zu,
wie die Verkäuferin
aus den Sonderangeboten
Geschenkpäckchen macht.
Mit einer roten Schleife
und einem goldenen Stern drauf.
„Echt cool!", findet Timmy.

Neben ihnen steht eine ältere Dame
und wartet geduldig.
„Gleich bin ich für Sie da,
Frau Bartels", sagt die Verkäuferin.
„Sie wollen sicher
die Pelzmütze abholen,
die wir für Sie
zurückgelegt haben?"
„Leider nein",
seufzt die alte Dame.
„Es geht nicht, weil ..."
Sie beugt sich etwas vor
und flüstert der Verkäuferin zu:
„Mein Geldbeutel ist weg!
Da war der Rest meiner Rente drin."
„Oje! Bestimmt Taschendiebe",
sagt die Verkäuferin.

„In dem Gedrängel vor Weihnachten
machen die gern lange Finger."
„Vielleicht ist es im Bus passiert",
überlegt Frau Bartels.
„Ich kam aus der Stadt,
weil ich dort die Fahrkarte
für die Reise nach Hamburg
geholt habe."
„Ah, richtig,
da wohnt ja ihre Schwester",
sagt die Verkäuferin.
Dabei bindet sie die Schleife
auf dem letzten Päckchen
von Max, Klara
und Timmy zu.
„Nun, diesmal wird wohl nichts
aus der Reise.

Die Fahrkarte war nämlich auch
in der Geldbörse",
sagt Frau Bartels bekümmert.

Beweisstück: Fahrkarte

Klara nimmt hastig
die Tüte mit den Geschenken.
Sie zieht ihre Brüder aus dem Laden
und flüstert:
„Habt ihr das gehört?
Sie vermisst ihre Geldbörse!"
„Doch nicht ausgerechnet die,
die wir gefunden haben?",
zweifelt Max.
„Das können wir leicht feststellen",
sagt Klara.
Sie blättert in den Zetteln
im hinteren Fach der Geldbörse.
Da steckt tatsächlich
eine Fahrkarte nach Hamburg!

Das ist der Beweis:
Der Weihnachtsschatz
ist nicht vom Himmel gefallen.
Es ist die Geldbörse von Frau Bartels.

„Oje!", sagt Klara.

„Was tun wir jetzt?"

„Wir müssen das Geld zurückgeben",
meint Max finster.

„Aber der Weihnachtsmann
hat doch gesagt ...",
beginnt Timmy
mit weinerlicher Stimme.

„Das war ein Missverständnis",
erklärt Klara.

„Allerdings gibt es ein Problem:
Wir haben einen Teil des Geldes
schon ausgegeben",
sagt Max.

„Lasst uns nachdenken,
wie wir das wieder in Ordnung bringen",
meint Klara.

Sie beschließen,
Frau Bartels zu folgen.
So können sie sehen, wo sie wohnt.
Frau Bartels wohnt
in der Schillerstraße 12.
Gar nicht weit von der Schule.

„Wenn wir das Geld ersetzt haben,
gehen wir hin und bringen ihr
den Geldbeutel zurück",
sagt Klara entschlossen.

Her mit den Sparschweinen!

Als die drei wieder zu Hause sind,
zählt Max das Geld,
das übrig geblieben ist.
100 Euro sind noch da.
„Wir haben also
80 Euro ausgegeben",
rechnet Max.
„Wir könnten die Geschenke
in den Laden zurückbringen",
schlägt Klara vor.
„Nöööö! Jetzt, wo sie so schön
verpackt sind?",
entgegnet Timmy.
„Und Hamburger und Pommes
können wir auch nicht zurückgeben.

Die sehen jetzt nicht mehr gut aus",
grinst Max.
„Ich schlachte mein Sparschwein",
sagt Klara entschlossen.

Sie holt das Porzellanschwein
vom Regal,
schließt es auf und zählt den Inhalt:
„35 Euro", sagt sie zufrieden.

„Charly Quak auch!", ruft Timmy.
Er holt seinen Sparfrosch.
Da haben Oma und Opa
an seinem Geburtstag
Fünf-Euro-Scheine reingesteckt.
„Eins, zwei, drei, vier", zählt Timmy.

Max hebt sein Geld
in einem Marmeladenglas auf.
Es sind genau 21,70 Euro darin.
Er rechnet auf einem Zettel
alles zusammen.

„Und Mamas Geld
für die Nusshörnchen
ist noch in meiner Anoraktasche",
erinnert sich Klara plötzlich.
„Hm, das sind genau die 3,30 Euro,
die uns noch fehlen",
brummt Max zufrieden.

Am nächsten Tag nach der Schule
wechselt Max
das Kleingeld aus den Spardosen
am Zeitungskiosk
in Scheine um.
Dann gehen die drei zu Frau Bartels.
Klar, dass Nessi mitkommt.
Schließlich hat sie
den Schatz gefunden.

Herzklopfen und Finderlohn

„Klingle du!", sagt Max zu Klara,
als sie vor dem Haus
in der Schillerstraße stehen.
„Nee, du!", sagt Klara.
Schließlich darf Timmy klingeln.
Klara hebt ihn hoch.
Der Türöffner summt.

Frau Bartels wohnt im dritten Stock.

Die drei laufen die Treppe hoch.

Nessi knurrt.

„Was ist los?", fragt Klara.

Eine freundliche Dame öffnet die Tür.

Eine Katze schleicht um ihre Füße.

Als sie Nessi entdeckt,
macht sie einen Buckel und faucht.
Dann rettet sie sich mit einem Satz
auf den Flurschrank.

„Sind Sie Frau Bartels?",
fragt Klara die Dame
an der Tür überrascht.
„Nein, ich bin die Nachbarin.
Frau Bartels fühlt sich nicht gut.
Sie hat sich etwas hingelegt.
Was wollt ihr von ihr?"
„Wir sind da ... Es ist, weil ...",
beginnt Klara.
„Wir haben eine gute Nachricht
und möchten sie ihr gerne
persönlich sagen", ergänzt Max.

Als Frau Bartels die Kinder
mit der Weihnachtstüte sieht,
steht sie auf und ruft überrascht:

„Ihr habt doch nicht etwa
meinen Geldbeutel gefunden?"
„Doch!", sagt Max und nickt stolz.
Klara gibt ihr die Börse.

„Es ist alles drin.
Auch meine Fahrkarte!",
sagt Frau Bartels erleichtert.
„Aber – es waren nicht
so viele Fünf-Euro-Scheine.
Das weiß ich genau,
weil ich im Bus
mit einem Zehn-Euro-Schein
bezahlt habe
und nur einen Fünf-Euro-Schein
zurückbekam",
wundert sie sich.
„Aber die Summe stimmt",
versichert Max.
„Es ist nur, weil ...
Wir haben uns kurz
etwas davon ausgeliehen."

„Wir dachten nämlich,
unsere Nessi hätte
einen Weihnachtsschatz gefunden",
sagt Timmy.

Und dann erzählt Klara
die ganze aufregende Geschichte.
„Ein Weihnachtsschatz,
der vom Himmel gefallen ist ...

Was für eine hübsche Idee",
sagt Frau Bartels und lächelt.
„Ihr drei kommt mir vor
wie Weihnachtsengel!

Das Geld hab ich
schmerzlich vermisst.
Es ist der Rest von meiner Rente.
Ich bin knapp dran in diesem Monat,
weil ich Weihnachtsgeschenke
für meine Nichten und Neffen
gekauft habe.

Aber einen Finderlohn
habt ihr ehrlich verdient.
Hier sind zehn Euro für jeden!"
„Eigentlich müsste Nessi
den Finderlohn bekommen",
sagt Timmy.

„Für die leg ich noch
ein Würstchen obendrauf",
sagt Frau Bartels
und geht in die Küche.

Als sich die drei verabschieden,
streicht Frau Bartels
Timmy über den Kopf
und sagt gerührt:
„Ihr seid echte Weihnachtsschätze,
alle drei!"